शाम होने वाली है

(ग़ज़ल-संग्रह)

शाम होने वाली है

शहरयार

लिप्यंतरण

महताब हैदर नक़वी

वाणी प्रकाशन

वाणी प्रकाशन
4695, 21-ए, दरियागंज, नयी दिल्ली 110 002

फ़ोन : +91 11 23273167 फ़ैक्स : +91 11 23275710

शाखाएँ

अशोक राजपथ, पटना 800 004, बिहार

कॉफ़ी हाउस कैम्पस, महात्मा गांधी मार्ग, इलाहाबाद 211 001, उत्तर प्रदेश

महात्मा गांधी अन्तरराष्ट्रीय हिन्दी विश्वविद्यालय, वर्धा 442 001, महाराष्ट्र

सुल्तानिया रोड, मोतिया पार्क, भोपाल 462 001, मध्य प्रदेश

www.vaniprakashan.com
marketing@vaniprakashan.in
sales@vaniprakashan.in

SHAM HONE WALI HAI
by Shahryar
Translated by Mehtab Haidar Naqvi

ISBN : 978-81-8143-338-1
Ghazal

संस्करण 2005, 2011
आवृत्ति 2020

मूल्य : ₹ 295

सिटी प्रेस, दिल्ली-110 095 में मुद्रित

वाणी प्रकाशन का लोगो मक़बूल फ़िदा हुसेन की कूची से

विजय कुमार बजाज
के नाम
चाहिए अच्छों को जितना चाहिए

भूमिका

'शाम होने वाली है' शह्रयार का नया काव्य संग्रह है। शह्रयार की शायरी हिंदी पाठकों के लिए नई नहीं है। पाठक उनकी भाषा, कला, एवं समस्याओं से भली-भाँति परिचित हैं। अतः उनकी शायरी के संबंध में कुछ कहने की आवश्यकता नहीं है। शायरी के रसज्ञ इसे स्वयं पढ़कर आनंद का अनुभव करेंगे। इसके बावजूद पाठकों को इस बात से अवगत कराना ज़रूरी समझता हूँ कि शह्रयार इस समय सत्तर के लपेटे में हैं। अमूमन इस उम्र में शायरों के पास कुछ कहने के लिए नहीं बचता, वह चुक गए होते हैं। महज़ पुरानी नज़्मों, ग़ज़लों के ज़रिए इज़्ज़त-आबरू बचाने की कोशिश करते हैं; शह्रयार के बहुत-से समकालीन शायरों का यही हाल है। लिखना-पढ़ना तो दूर की बात, सामाजिक विषयों पर सोचना भी बंद कर चुके हैं। परंतु शह्रयार की रचना-शक्ति अभी क्षीण नहीं हुई है, उसमें वही प्रवाह है और निरंतर आगे की तरफ़ सफ़र करती हुई दिखाई देती है। उनकी संवेदनशीलता में किसी प्रकार का जमूद नज़र नहीं आता। इसका मुख्य कारण उनकी सजगता और जीवन-मूल्यों को किसी भी हाल में सुरक्षित रखने का हौसला है। वह अब भी जवान और अपने सरोकारों के प्रति संवेदनशील हैं। इस संग्रह को पढ़ते हुए आपको एहसास होगा कि खुद को दोहराने या किसी भी अवस्था में ठहर जाने की प्रवृत्ति इस शायरी में नहीं है।

शह्रयार उर्दू शायरी की महान परंपरा के बड़े शायर हैं। उन्होंने इस परंपरा का निर्वाह भी किया है और इसे तोड़ा भी है। लेकिन यह सब काम शह्रयार ने बहुत ख़ामोशी के साथ किया है। उपभोक्तावादी संस्कृति में शायरी भी बाज़ार की एक 'चीज़' हो गई है। आज इसका एक बड़ा हिस्सा इंसानी जज़्बात के कारोबार में लगा हुआ है। इसमें बहुत-सी ऐसी चीज़ें घुल-मिल गई हैं कि अच्छी और सच्ची शायरी की पहचान मुश्किल हो गई है। ऐसे में शायरी से लोगों का विश्वास उठ जाना स्वाभाविक है। शह्रयार

की शायरी इसी सामाजिक कमज़ोरी से ताक़त हासिल करती है और हमारी आधी-अधूरी ठहरी हुई ज़िंदगी में हलचल पैदा करती है। टूटते-बिखरते विश्वासों को एक लड़ी में पिरोती है, ज़िंदगी जीने का हौसला देती और दिलों में दर्द का एहसास पैदा करती है। यही शायरी और शह्रयार की शायरी का चरित्र है।

इस संग्रह की शायरी आपको अकेलेपन में किसी के होने का एहसास और मजमे में तन्हाई का आभास कराएगी। आपके दिल में ऐसी हलचल पैदा करेगी जो विषम परिस्थितियों में भी आपको आपके होने का एहसास दिलाए।

डॉ. महताब हैदर नक़वी

उर्दू विभाग, अलीगढ़ मुस्लिम
यूनिसर्विटी अलीगढ़

अनुक्रम

ग़ज़लें

नज़्में

मुग़्नी तबस्सुम के लिए

ऐ अज़ीज़ अज़ जान मुग़्नी
तेरी परछाईं हूँ लेकिन कितना इतराता हूँ मैं
आज़मी[1] का मरना
नज्मा[2] का बिछड़ना
तेरे बल-बूते पे यह सब सह गया
भूल कर भी ये ख़याल आया नहीं मुझको
कि तनूहा रह गया
तेरी उल्फ़त में अजब जादू-असर है
तेरी परछाईं रहूँ जब तक जियूँ
यह चाहता हूँ
ऐ ख़ुदा!
छोटी-सी कितनी बेज़रर[3] यह आरज़ू है
आरज़ू ये मैंने की है
इस भरोसे पर कि तू है।

---

1. ख़लीलुर्रहमान आज़मी (मेरे दोस्त), 2. मेरी बीवी नज्मा शहरयार, 3. हानि न पहुँचाने वाली

ग़ज़लें

1

दिल में तूफ़ान है और आँखों में तुग़यानी है
ज़िन्दगी हमने मगर हार नहीं मानी है।

ग़मज़दा वो भी हैं दुश्वार है मरना जिन को
वो भी शाकी[1] हैं जिन्हें जीने की आसानी है।

दूर तक रेत का तपता हुआ सहरा था जहाँ
प्यास का किसकी करश्मा है वहाँ पानी है।

जुस्तजू तेरे अलावा भी किसी की है हमें
जैसे दुनिया में कहीं कोई तेरा सानी[2] है।

इस नतीजे पे पहुँचते हैं सभी आख़िर में
हासिले-सैरे-जहाँ कुछ नहीं हैरानी है।

---

1. शिकायत करने वाला, 2. बराबर

2

शिकवा कोई दरिया की रवानी से नहीं है
रिश्ता ही मेरी प्यास का पानी से नहीं है।

कल यूँ था कि ये क़ैदे-ज़मानी[1] से थे बेज़ार
फ़ुर्सत जिन्हें अब सैरे-मकानी[2] से नहीं है।

चाहा तो यक़ीं आए न सच्चाई पे इसकी
ख़ाइफ़[3] कोई गुल अह्दे-ख़िज़ानी[4] से नहीं है।

दोहराता नहीं मैं भी गए लोगों की बातें
इस दौर को निस्बत भी कहानी से नहीं है।

कहते हैं मेरे हक़ में सुख़नफ़ह्म बस इतना
शे'रों में जो ख़ूबी है मआनी[5] से नहीं है।

---

1. समय की पाबंदी, 2. दुनिया की सैर, 3. डरा हुआ, 4. पतझड़ का मौसम, 5. अर्थ

3

जो बुरा था कभी अब हो गया अच्छा कैसे
वक़्त के साथ मैं इस तेज़ी से बदला कैसे।

जिनको वह्शत से इलाक़ा नहीं वे क्या जानें
बेकराँ दश्त मेरे हिस्से में आया कैसे।

कोई इक-आध सबब होता तो बतला देता
प्यास से टूट गया पानी का रिश्ता कैसे।

हाफ़िज़े में मेरे बस एक खंड्हर-सा कुछ है
मैं बनाऊँ तो किसी शह्र का नक़्शा कैसे।

बारहा पूछना चाहा कभी हिम्मत न हुई
दोस्तो रास तुम्हें आई ये दुनिया कैसे।

ज़िन्दगी में कभी इक पल ही सही ग़ौर करो
ख़त्म हो जाता है जीने का तमाशा कैसे।

4

तमाम शहर में जिस अजनबी का चर्चा है
सभी की राय है, वह शख़्स मेरे जैसा है।

बुलावे आते हैं कितने दिनों से सहरा के
मैं कल ये लोगों से पूछूँगा किस को जाना है।

कभी ख़याल ये आता है खेल ख़त्म हुआ
कभी गुमान गुज़रता है एक वक़्फ़ा है।

सुना है तर्के-जुनूँ तक पहुँच गए हैं लोग
ये काम अच्छा नहीं पर मआल[1] अच्छा है।

ये चल-चलाव के लम्हे हैं, अब तो सच बोलो
जहाँ ने तुम को कि तुमने जहाँ को बदला है।

पलट के पीछे नहीं देखता हूँ ख़ौफ़ से मैं
कि संग[2] होते हुए दोस्तों को देखा है।

---

1. नतीजा, 2. पत्थर

5

जो कहते हैं कहीं दरिया नहीं है
सुना उन से कोई प्यासा नहीं है।

दिया लेकर वहाँ हम जा रहे हैं
जहाँ सूरज कभी ढलता नहीं है।

न जाने क्यों हमें लगता है ऐसा
ज़मीं पर आसमाँ साया नहीं है।

थकन महसूस हो रुक जाना चाहें
सफ़र में मोड़ वह आया नहीं है।

चलो आँखों में फिर से नींद बोएँ
कि मुद्दत से उसे देखा नहीं है।

6

तेरे आने की ख़बर आते ही डर लगने लगा
ग़ैर का लगता था जो वह अपना घर लगने लगा।

क्या हरीफ़ों में मेरे सूरज भी शामिल हो गया
ज़र्द पत्ता रास्ते का क्यों शजर लगने लगा।

याद आना था किसी इक नुक़रई[1] आवाज़ का
फिर से सन्नाटों का मजमा बाम पर लगने लगा।

मैं सलामत हूँ मगर ये ख़्वाब आँखें करबला
जो जुदा तन से हुआ, वह मेरा सर लगने लगा।

जाने क्या उफ़्ताद[2] पड़ने को है मुझ पर दोस्तो
मोतबर लोगों को मैं अब मोतबर लगने लगा।

---

1. चांदी जैसी उज्ज्वल, 2. मुसीबत

7

अब वक़्त जो आने वाला है किस तरह गुज़रने वाला है
वह शक्ल तो कब से ओझल है, यह ज़ख़्म भी भरने वाला है।

दुनिया से बग़ावत करने की, उस शख़्स से उम्मीदें कैसी
दुनिया के लिए जो ज़िन्दा है, दुनिया से जो डरने वाला है।

आदम की तरह आदम से मिले, कुछ अच्छे-सच्चे काम करे,
यह इल्म अगर हो इन्सां को कब कैसे मरने वाला है।

दरिया के किनारे पर इतनी यह भीड़ यही सुनकर आयी
इक चाँद बिना पैराहन[1] के पानी में उतरने वाला है।

---

1. वस्त्र

8

क़रार हिज्र में आया सुकून, दर्द के साथ
बड़ा अजीब-सा रिश्ता है एक फ़र्द के साथ।

तुलूअ होता है दिन इसलिए कि धुन्ध बढ़े,
हर एक रात है मन्सूब माहे-ज़र्द[1] के साथ।

सिमट रहा है इलाक़ा हमारी वहशत का
है एतराफ़ हमें इसका रंजो-दर्द के साथ।

उसी की शर्तों पे तै बाक़ी का सफ़र होगा
ये अह्द कल ही किया रास्ते की गर्द के साथ।

है कोई जो कभी पूछे ये जाके सूरज से
कि और रहना है कब तक हवाए-सर्द के साथ।

---

1. पीला चाँद

9

मैं दुखी हूँ सब ये कहते हैं ख़ुशी की बात है
अब अँधेरों की ज़बाँ पर रोशनी की बात है।

मुद्दतों पहले जुदा हम अपनी मर्ज़ी से हुए
लग रहा है दिल को यूँ जैसे अभी की बात है।

हमने जब भी दास्ताने-शौक़ छेड़ी दोस्तो
हर किसी को यह लगा जैसे उसी की बात है।

ख़ामुशी ने किसलिए आवाज़ का पीछा किया
अह्ले-दुनिया तुम न समझोगे ये ऐसी बात है।

शह्र में इक शख़्स ऐसा है जो सच के साथ है
ध्यान से क्यों सुन रहे हो, दिल्लगी की बात है।

10

तुमको मुबारक शामिल होना बंजारों में
बस्ती की इज़्ज़त न डुबोना बंजारों में।

उनके लिए यह दुनिया एक अजायबघर है
हिर्सो-हवस[1] के बीज न बोना बंजारों में।

अपनी उदासी, अपने साथ में मत ले जाना
न मक़बूल है रोना-धोना बंजारों में।

उनके यहाँ यह रात औ़र दिन का फ़र्क़ नहीं है
उनकी आँख से जागना-सोना बंजारों में।

यकसाँ और मसावी[2] हिस्सा सबको देना,
जो कुछ भी तुम पाना-खोना बंजारों में।

हिजरत की ख़ुशबू से उनकी रूह .बँधी है
हिजरत से बेज़ार न होना बंजारों में।

---

1. लालच-वासना, 2. बराबर

11

सुनता हूँ, अब तू नहीं इन्कारी इस बात से
कोई निस्बत थी कभी, तुझको मेरी ज़ात से।

तू मेरे हमराह था, दरवाज़े तक शाम के
इसके आगे क्या हुआ, पूछा जाए रात से।

पिछली बारिश में मुझे ख़्वाहिश थी सैलाब की
अबके तू बतला मुझे, क्या माँगूँ बरसात से।

काम आए जो हिज्र के हर आइन्दा मोड़ पर
ऐसा इक तोहफ़ा मुझे दे तू अपने हाथ से।

हाँ मुझको भी देख ले, जीने की लत पड़ गयी
हाँ तूने भी कर लिया, समझौता हालात से।

12

जो बात करने की थी, काश मैंने की होती
तमाम शह्र में इक धूम-सी मची होती।

बदन तमाम गुलाबों से ढँक गया होता
मेरे लबों ने अगर आबयारी की होती।

बस इतना होता, मेरे दोनों हाथ भर जाते
तेरे ख़ज़ाने में बतला कोई कमी होती।

फ़िज़ा में दूर तलक साँसों के शरर उड़ते
ज़मीं पे दूर तलक चाँदनी बिछी होती।

मैं इस तरह न जहन्नुम की सीढ़ियाँ चढ़ता
हवस को मेरी जो तूने हवा न दी होती।

13

किसी कली, किसी महताब में निहाँ होगा
मैं दश्त में हूँ, तो इस वक़्त तू कहाँ होगा।

इसी उम्मीद पे काटा है यह पहाड़-सा दिन
कि शब को .ख्वाब में तू मुझ पे मेहरबाँ होगा।

तू अपने तौर पे तै कर विसाल की मंज़िल
तेरी तरफ़ से मेरा दिल न बदगुमाँ होगा।

जो इससे अहले-ज़माना ने हाथ खींच लिया
ज़रूर कारे-मुहब्बत में कुछ ज़ियाँ होगा।

ये अहले-शह्र ने इक बार भी नहीं सोचा
ज़रा-सी आग से चारों तरफ़ धुवाँ होगा।

14

जाने क्या देखा था मैंने ख़्वाब में
फँस गया फिर जिस्म के गिरदाब[1] में।

तेरा क्या, तू तो बरस कर खुल गया
मेरा सब कुछ बह गया सैलाब में।

मेरी आँखों का भी हिस्सा है बहुत,
तेरे इस चेहरे की आबो-ताब[2] में।

तुझमें और मुझमें तअल्लुक़ है वही
है जो रिश्ता साज़ और मिज़राब में।

मेरा वादा है कि सारी ज़िन्दगी
तुझसे मैं मिलता रहूँगा .ख्वाब में।

---

1. भँवर, 2. चमक-दमक

15

इबादत रात-दिन इक शख़्स की ऐसे नहीं, की थी
खुला, हमने मुहब्बत आज से पहले नहीं की थी।

वफ़ा करने की आदत थी सो हम करते रहे सबसे
किसी मतलब से या इनआम के बदले नहीं की थी।

बस इक कौंदा-सा लपका और ख़ीरा[1] हो गयीं आँखें
तेरी जानिब नज़र हमने इरादे से नहीं की थी।

बसर यह उम्र हमने अपनी मर्ज़ी के मुताबिक़ की
बसर करते हैं जैसे लोग याँ, वैसे नहीं की थी।

---

1. अँधेरा

16

इस जगह ठहरूँ या वहाँ से सुनूँ
मैं तेरे जिस्म को कहाँ से सुनूँ।

मुझको आग़ाज़े-दास्ताँ है अज़ीज़
तेरी ज़िद है कि दरमियाँ से सुनूँ।

तीर ने आज क्या शिकार किया,
उसकी तफ़्सील मैं कमाँ से सुनूँ।

रात क्या कुछ ज़मीन पर गुज़री
पहले तुझसे फिर आसमाँ से सुनूँ।

कितनी मासूम-सी तमन्ना है
नाम अपना तेरी ज़बाँ से सुनूँ।

17

मैंने जिसको कभी भुलाया नहीं
याद करने पे याद आया नहीं।

अक्से-महताब से मुशाबह है
तेरा चेहरा, तुझे बताया नहीं।

तेरा उजला बदन न मैला हो
हाथ तुझको कभी लगाया नहीं।

ज़द में सरगोशियों की फिर तू है
यह न कहना तुझे जगाया नहीं।

बाख़बर मैं हूँ तू भी जानता है,
दूर तक अब सफ़र में साया नहीं।

18

तुम्हारे शह्र में कुछ भी हुआ नहीं है क्या?
कि तुमने चीख़ों को सचमुच सुना नहीं है क्या?

तमाम ख़ल्क़े-ख़ुदा इस जगह रुकी क्यों है
यहाँ से आगे कोई रास्ता नहीं है क्या?

लहूलुहान सभी कर रहे हैं सूरज को
किसी को ख़ौफ़ यहाँ रात का नहीं है क्या?

मैं एक अर्से से हैरान हूँ कि हाकिमे-शह्र
जो हो रहा है उसे देखता नहीं है क्या?

उजाड़ते हैं जो नादाँ, इसे उजड़ने दो
कि उजड़ा शह्र दोबारा बसा नहीं है क्या?

19

यूँ ख़जिल[1] होना न पड़ता दोस्तो इन्कार पर
कोई पाबन्दी लगी होती अगर इज़हार पर।

नाम अब तक दे न पाया इस तअल्लुक़ को कोई
जो मेरा दुश्मन है क्यों रोता हूँ उसकी हार पर।

धूप से बचने की कोशिश में कटेगी रात भी
कोई शक करके तो देखे सायए-अशजार पर।

शहर की जानिब न होने पाए सन्नाटों का रुख़
है मेरी आवाज़ हाज़िर आज इस बेगार पर।

बारिशें अनपढ़ थीं पिछले नक़्श सारे धो दिये
हाँ तेरी तस्वीर ज्यों की त्यों है दिल-दीवार पर

1. शर्मिन्दा होना

20

इसे गुनाह कहें या कहें सवाब का काम
नदी को सौंप दिया प्यास ने सराब का काम।

हम एक चेह्रे को हर ज़ाविये[1] से देख सकें
किसी तरह से मुकम्मल हो नक्शे-आब[2] का काम।

हमारी आँखें कि पहले तो ख़ूब जागती हैं
फिर इसके बाद वो करती हैं सिर्फ़ ख़्वाब का काम।

वो रात-कश्ती किनारे लगी कि डूब गयी
सितारे निकले तो थे करने माहताब का काम।

फ़रेब ख़ुद को दिये जा रहे हैं और ख़ुश हैं
उसे ख़बर है कि दुश्वार है हिजाब का काम।

---

1. कोण, 2. जल्दी मिट जाने वाला

21

तुझको खोकर क्यों ये लगता है कि कुछ खोया नहीं
ख़्वाब में आएगा तू, इस वास्ते सोया नहीं।

आप बीती पर जहाँ हँसना था, जी भर कर हँसा
हाँ, जहाँ रोना ज़रूरी था, वहाँ रोया नहीं।

मौसमों ने पिछली फ़स्लों की निगहबानी न की
इसलिए अबके ज़मीने-दिल में कुछ बोया नहीं।

वक़्त के हाथों ने जितने दाग़ थे सब धो दिए
दाग़ जो तुझसे मिला है, इक उसे धोया नहीं।

कैसी महफ़िल है, यहाँ मैं किस तरह से आ गया
सब के सब ख़ामोश बैठे हैं कोई गोया नहीं।

22

कहीं ज़रा-सा अँधेरा भी कल की रात न था
गवाह कोई मगर रोशनी के साथ न था।

सब अपने तौर से जीने के मुद्दई थे यहाँ
पता किसी को मगर रम्ज़े-कायनात[1] न था।

कहाँ से कितनी उड़े और कहाँ पे कितनी जमे
बदन की रेत को अन्दाज़ए-हयात न था।

मेरा वजूद मुनव्वर है आज भी इससे
वो तेरे क़ुर्ब का लहजा जिसे सबात[2] न था।

मुझे तो फिर भी मुक़द्दर पे रश्क आता है
मेरी तबाही में हर चन्द तेरा हाथ न था।

---

1. दुनिया का रहस्य, 2. स्थायित्व

23

फ़िज़ाएँ धुन्ध से सरगोशियों की और अट जाएँ
बदन की ये चटानें मुमकिना हद तक सिमट जाएँ।

समन्दर तह तलक जाना बहुत आसान हो जाए
अगर गौहर भरी ये सीपियाँ इक पल को हट जाएँ।

बता सकता है कोई वो मुसाफ़िर कौन होते हैं
जो इक रस्ते से आएँ और दो सम्तों में बँट जाएँ।

न जाने, आने वाला वक़्त क्यों दुश्मन-सा लगता है
हवाएँ आके फिर औराक़[1] माज़ी के पलट जाएँ।

मुनासिब वक़्त है जिन्से-सुख़न को बेच देने का
ख़बर किसको है, इसके भाव कब और कितने घट जाएँ।

---

1. वरक का बहुवचन, पृष्ठों

24

मैं प्यासा और भी प्यासा था और सैराब था वह
समन्दर मैं जिसे समझा था इक सैलाब था वह।

ज़मीं पर ज़ीना-ज़ीना देर तक उतरे सितारे
मेरी आँखों का कोई वह्म था या ख़्वाब था वह।

मैं उसकी तेज़ साँसें सुन रहा हूँ नग्मा जैसे
मेरी इस ज़िन्दगी का लम्हए-नायाब था वह।

लबों से घूम-बारिश, आसमाँ तक जाती मौजें
बदन किश्ती मुसाफ़िर के लिए गरदाब था वह।

मुझे रास आ गयी थी आख़िरश दूरी की कुरबत
मेरा रुख़ फिर था सहरा सम्त, मह्वे-ख़्वाब था वह।

25

शोहरत ही मिली है देखो सदा रुसवाई में
हम इतने बड़े माहिर हैं, ज़ख़्म नुमाई में।

कुछ दूर ही आए होंगे हम, यह ध्यान आया
क्यों लम्बे सफ़र पर निकले, आबलापाई[1] में।

यह रूह, बदन-दीवार गिराना चाहती है
और जिस्म रहा मसरूफ़ हवस-पैदाई[2] में।

रुकने के मुक़ाम जहाँ भी आएँ रुक जाओ
यूँ ज़ीना ब ज़ीना उतरो दिल गहराई में।

पानी पे लिखी तहरीरें जल्दी पढ़ डालो
मुमकिन है ख़लल आ जाए फिर बीनाई में।

---

1. पाँव में छाले पड़ना, 2. वासना

26

कुछ देर रही हलचल मुझ प्यास से पानी में
फिर थी वही जौलानी[1] दरिया की रवानी में।

ये हिज्र की रातें भी होती हैं अजब रातें
दिन-फूल खिले देखे कल रात की रानी में।

आँखें वहीं ठहरी हैं, पहले जहाँ ठहरी थीं
वैसा ही हसीं है तू, था जैसा जवानी में।

दिलचस्पी जो दुनिया को है मुझमें रहे क़ायम
इक मोड़ नया आए अब मेरी कहानी में।

मीठी है कि कड़वी है, सच्चाई बस इतनी है
रहना है रिहाई तक इस क़ैदे-मकानी में।

---

1. तेज़ी

27

चाहता कुछ हूँ मगर लब पे दुआ है कुछ और
दिल के अतराफ़ की देखो तो हवा है कुछ और।

जो मकाँदार हैं दुनिया में उन्हें क्या मालूम
घर की तामीर की हसरत का मज़ा है कुछ और।

जिस्म के साज़ पे सुनता था अजब-सा नग़्मा
रूह के तारों को छेड़ा तो सदा थी कुछ और।

पेशगोई[1] पे नजूमी[2] की भरोसा कैसा
वक़्त के दरिया के पानी पे लिखा है कुछ और।

तू वफ़ा केश है जी-जान से चाहा है तुझे
तेरे बारे में प लोगों से सुना है कुछ और।

1. भविष्यवाणी, 2. नक्षत्रों का ज्ञान रखने वाला

28

ये क्या हुआ कि ख़मोशी भी गुनगुनाने लगी
गयी रुतों की हर इक बात याद आने लगी।

ज़मीने-दिल पे कई नूर के मिनारे थे
ख़याल आया किसी का तो धुन्ध छाने लगी।

ख़बर ये जब से पढ़ी है ख़ुशी का हाल न पूछ
सियाह रात तुझे रोशनी सताने लगी।

दिलों में लोगों के हमदर्दियाँ हैं मेरे लिए
मैं आज ख़ुश हूँ कि मेहनत मेरी ठिकाने लगी।

बुरा कहो कि भला समझो यह हक़ीक़त है
जो बात पहले रुलाती थी, अब हँसाने लगी।

29

कभी अपने से मुझको ख़ुशगुमाँ होने नहीं दोगे
कि तुम मेहनत को अपनी राएगाँ होने नहीं दोगे।

मुसाफ़िर की तरह आओगे इक दिन दिल-सराए में
रहोगे इस तरह इसको मकाँ होने नहीं दोगे।

मेरी कश्ती को जब मँझधार में लाए तो कह देते
सिवा अपने किसी को बादबाँ होने नहीं दोगे।

बहुत से मोड़ दानिस्ता नहीं आने दिए मैंने
कहानी को मेरी तुम दास्ताँ होने नहीं दोगे।

30

दुनिया में कहीं है भी, नहीं भी है, अजब है
मुद्दत से हमें ऐसी ही इक शै की तलब है।

ऐ दोस्त! मगर पहले सी वह बात नहीं है
यूँ होने को इस बज़्म में जो चाहिए सब है।

लगता है कि हायल है कोई रेत का सहरा
कहने को वही प्यास वही चश्मए-लब है।

यह शह्रे-जुनूँ फिर भी नहीं छूटता हमसे
वह मरने का अन्दाज़, न जीने का वह ढब है।

वह दूर, उधर नूर की शम्एँ हैं, फ़रोज़ाँ
ऐ रात की तारीकी तुझे रोकना अब है।

31

बुझने के बाद जलना गवारा नहीं किया,
हमने कोई भी काम दोबारा नहीं किया।

अच्छा है कोई पूछने वाला नहीं है यह
दुनिया ने क्यों ख़याल हमारा नहीं किया।

जीने की लत पड़ी नहीं शायद इसीलिए
झूठी तसल्लियों पे गुज़ारा नहीं किया।

यह सच अगर नहीं तो बहुत झूठ भी नहीं
तुझको भुला के कोई ख़सारा[1] नहीं किया।

---

1. नुक़सान

32

निस्बत रहे तुमसे सदा हज़रत निज़ामुद्दीन जी
माँगूँ मैं क्या इसके सिवा हज़रत निज़ामुद्दीन जी।

आँखों में यूँ छाए हो तुम, हर जा नज़र आते हो तुम
कैसा जुनूं मुझको हुआ, हज़रत निज़ामुद्दीन जी।

हाथों से तुमने जो किया रोशन वफ़ा का इक दिया
आँधी की ज़द में वह जला, हज़रत निज़ामुद्दीन जी।

लेते थे अल्लह नाम जो, जपते थे दिल में राम जो
तुमने किया सबका भला, हज़रत निज़ामुद्दीन जी।

ख़ुसरो की आँखों से कभी देखे अगर तुमको कोई
अहवाल उसका होगा क्या हज़रत निज़ामुद्दीन जी।

33

तेरी जुदाई में क्या-क्या दिखाई देता है
कहीं पे तू कहीं तुझ-सा दिखाई देता है।

ज़माना हो गया ऐसे किसी सफ़र में हूँ
कि अब न मोड़ न रस्ता दिखाई देता है।

उलझ रही है बहुत मुझसे मेरे पाँव की गर्द
क़दम-क़दम पे तमाशा दिखाई देता है।

अजीब वक़्त, सुनो, आ पड़ा है सूरज पर
तुलूअ होता न ढलता दिखाई देता है।

ये मेरी आँखें नहीं दूसरों की आँखें हैं
अँधेरा है प उजाला दिखाई देता है।

34

आँख खुले, शादाब-सा इक चेहरा देखूँ
बीच से तू हट जाए तो क्या-क्या देखूँ।

आँसू-ओस में भीगने वाले ये रस्ते
मंज़िल तक ले जाएँ यह सपना देखूँ।

आँखों पर यह क़हर भी नाज़िल होना था
दिल-दीवार का खौफ़ज़दा साया देखूँ।

इक कमज़ोर-से लम्हे में यह ख़्वाहिश की
तुझको अकेला और बहुत तन्हा देखूँ।

पानी की जिस बूँद से मेरा रिश्ता है,
पानी की उस बूँद को मैं प्यासा देखूँ।

ऐसी काली-लम्बी रात मिली मुझको
हाँ चाहा था सूरज को ढलता देखूँ।

मेरे मालिक! मुझको इतनी मोहलत दे
नए सिरे से मैं तेरी दुनिया देखूँ।

35

एक उम्मीद है जो दिल में मकीं हो गयी है
देखते-देखते यह दुनिया हसीं हो गयी है।

दर तो इक आया था, ठहरा नहीं मैं देर तलक
जैसे सिजदों से तही[1] मेरी जबीं हो गयी है।

तुझसे बिछड़ा था जहाँ तेरे कहे पर इक दिन
मेरी परछाईं जुदा मुझसे वहीं हो गयी है।

ऐसा लगता है कि अब कुछ नहीं होने वाला
कोई अनहोनी-सी इक बात कहीं हो गयी है।

आसमाँ तुझमें कशिश भी नहीं पहले वाली
और कुछ यूँ है कि बेहतर ये ज़मीं हो गयी है।

1. ख़ाली

36

यही इक वह्म है, जो और कुछ जीने की हसरत है
कहीं पर है कोई ऐसा जिसे मेरी ज़रूरत है।

बड़े ऊँचे सुरों में बोलते हैं, अब जो सन्नाटे
मेरे ख़ामोश रहने पर बहुत इनको शिकायत है।

मज़ा ही और कुछ है दोस्तो जलने-पिघलने में
चलो देखें बदन की धूप में कितनी तमाज़त है।

अँधेरा जब घना होता है दिल को हौल आता है
तुम्हें क्या इल्म, तुमको जल्द सो जाने की आदत है।

उदासी बाल बिखराए खड़ी है रात-रस्तों पर
तुम्हारे शहर में भी क्या कोई महताब सूरत है।

37

पड़ाव आये कई, एक घर नहीं आया
कि रास अबके भी हमको सफ़र नहीं आया।

किया था खल्क़ अजब आसमान आँखों ने
कहाँ का चाँद, सितारा नज़र नहीं आया।

जो एक बार गया सब्ज़ पानियों की तरफ़
सुना गया है कभी लौटकर नहीं आया।

चिराग़ जलते हवाओं की सरपरस्ती में
हमारे लोगो—तुम्हें यह हुनर नहीं आया।

भुला के तुझको ख़जिल होते और क्या होता
भला हुआ कि दुआ में असर नहीं आया।

38

ऐ मुसाफ़िरे-तन्हा, शाम होने वाली है
जल्द लौट के घर जा, शाम होने वाली है।

बैठने लगे आकर क्या परिंद शाख़ों पर
देख रक़्स पेड़ों का, शाम होने वाली है।

आज पाँव के नीचे, कोई शै ज़मीं-सी है
आज क्या ग़ज़ब होगा, शाम होने वाली है।

रेत के समन्दर में एक नाव कागज़ की
कैसे सच हुआ सपना, शाम होने वाली है।

जगमगा रहा है फिर आसमान चीख़ों से
और टूटा सन्नाटा, शाम होने वाली है।

धुन्ध के दरीचे भी बंद होने वाले हैं
भूल जा कि क्या देखा, शाम होने वाली है।

39

मुझे ख़्वाब आसमाँ से फिर उतर जाने को कहती है
सुनो तो, नींद आँखों में ठहर जाने को कहती है।

हर इक आलम में जिसने दरमियाँ इक फ़ासला रक्खा
वही परछाईं अब हद से गुज़र जाने को कहती है।

जहाँ भी, जब भी मिलती है, हमेशा ज़िन्दगी मुझसे
कोई बिलकुल अनोखा काम कर जाने को कहती है।

मुझे इस दश्त में सब कुछ मयस्सर है मगर फिर भी
कोई आवाज़ है, जो रोज़ घर जाने को कहती है।

अजब-सी धुन्ध थी, महफ़ूज़ जिसने रात से रक्खा
मगर अब वह भी मुझको छोड़कर जाने को कहती है।

40

सूरज का जलना, बुझ जाना, खेल हवा के हाथ का है
मेरे शहर पे इसीलिए तो साया काली रात का है।

क़ैद हूँ ख़ुद ही इक मुद्दत से दूरी की दीवारों में
क्या बतलाऊँ कैसा रिश्ता मुझसे मेरी रात का है।

इन झुलसे पौदों को देखो आसमान को तकते हैं
कहने वालों का कहना है, मौसम यह बरसात का है।

मेरी तरह उसकी आँखें भी ख़ौफ़ चमक से ख़ाली हैं
ये आहू[1], ये वहशी आहू, शायद मेरे साथ का है।

बदन-ज़रूरत से भी ज़ियादा जिस्म-हवस परवान चढ़ी
होना था जो वही हुआ है, शिकवा क्यों हालात का है।

---

1. हिरन

41

हक़ीक़त हूँ कि बस इक वाहमा हूँ
ये पूछा जा रहा है मुझसे क्या हूँ।

बहुत ख़ुश अजनबी लोगों से मिलकर
हुआ हूँ दोस्तो अक़सर हुआ हूँ।

यहाँ से कोई गुज़रेगा नहीं क्या
कि मुद्दत से यहाँ तन्हा खड़ा हूँ।

कहाँ पर साथ छोड़ा यादे-जानाँ!
सुकूते-शाम से डरने लगा हूँ।

मुझे अब भी हैं सूरज से उमीदें
अँधेरो तुमसे जो मैं लड़ रहा हूँ।

कहूँ, गर साथ दें अल्फ़ाज़ मेरा
मैं इन आँखों से जो कुछ देखता हूँ।

42

महफ़िल में बहुत लोग थे, मैं तन्हा गया था
हाँ, तुझको वहाँ देख के कुछ डर-सा गया था।

यह हादसा, किस वक़्त, कहाँ, कैसे हुआ था
प्यासों के तआक़ुब[1] में, सुना, दरिया गया था।

आँखें हैं कि बस रौज़ने-दीवार[2] हुई हैं
इस तरह तुझे पहले कभी देखा गया था।

ऐ ख़ल्के-ख़ुदा तुझको यकीं आए न आए
कल धूप तहफ़्फ़ुज़[3] के लिए साया गया था।

वह कौन-सी साअत थी, पता हो तो बताओ
यह वक़्त, शबो-रोज़ में जब बाँटा गया था।

---

1. पीछे, 2. झरोखा, 3. रक्षा

43

तेरी गली से दबे पाँव क्यों गुजरता हूँ
वो ऐसा क्या है जिसे देखने से डरता हूँ।

किसी उफ़क़ की ज़रूरत है मेरी आँखों को
जो आज ख़ल्क़ नया आसमान करता हूँ।

बड़े जतन से, बड़े एहतमाम से तुझको
भुला रहा हूँ, मुहब्बत का दम भी भरता हूँ।

उतारना है मुझे क़र्ज़ कितने लोगों का
ज़रा सुकून मिले तो हिसाब करता हूँ।

अजब नहीं कि किसी याद का गोहर[1] मिल जाए
गए दिनों के समन्दर में फिर उतरता हूँ।

---

1. मोती

44

ज़मीं दामन कशाँ है अब ज़ियाँ से
इसी बाएस है निस्बत आसमाँ से।

बहुत मसरूफ़ हो तुम, वक़्त कम है
सुनाते हैं कहानी दरमियाँ से।

हवा ने कर दिया बे सम्त फिर से
जुदा कश्ती को करके बादबाँ से।

मुसाफ़िर सब वहीं अब तक खड़े हैं
चले थे मुद्दतों पहले जहाँ से।

जो प्यासे थे, सदा प्यासे रहेंगे
समन्दर ढक गया रेगे-रवाँ से।

बदलते मंज़रों से आँख हैराँ
सदा ख़ाएफ़ सुकूते-बेकराँ से।

45

दिल में रखता है न पलकों पे बिठाता है मुझे
फिर भी इक शख़्स में क्या-क्या नज़र आता है मुझे।

रात का वक़्त है सूरज है मेरा रहनुमा
देर से, दूर से यह कौन बुलाता है मुझे।

मेरी इन आँखों को ख़्वाबों से पशेमानी है
नींद के नाम से जो हौल-सा आता है मुझे।

तेरा मुनकिर नहीं ऐ वक़्त मगर देखना है
बिछड़े लोगों से कहाँ, कैसे मिलाता है मुझे।

क़िस्सए-दर्द में यह बात कहाँ से आई
मैं बहुत हँसता हूँ, जब कोई सुनाता है मुझे।

46

एक ही धुन है कि इस रात को ढलता देखूँ
अपनी इन आँखों से सूरज को निकलता देखूँ।

ऐ जुनूँ तुझसे तक़ाज़ा है यही दिल का मेरे
शह्रे-उम्मीद के नक़्शे को बदलता देखूँ।

यह सफ़र वह है कि रुकने का मुक़ाम इसमें नहीं
मैं जो थक जाऊँ तो परछाईं को चलता देखूँ।

चाहे तारीकी मुखालिफ़ हो, हवा दुश्मन हो
मशअले-दर्द को हर हाल में जलता देखूँ।

वस्ल-आसार कोई लम्हा मयस्सर आए
हिज्र की साअते-बेमेह्र को टलता देखूँ।

47

ऐसी तारीकी है, मेरा दिल बहुत घबराए है
ख़्वाब देखूँ किस तरह मैं, आँख खुल-खुल जाए है।

सो रहा है शहर सन्नाटों की चादर ओढ़ कर
मेरी यह आवाज़ दर-दर जाए है, पछताए है।

आ रहे हैं चन्द साये धुन्ध के उस पार से
देखना है, कौन मेरी उलझनें सुलझाए है।

आज का दिन हाँ कोई अच्छा नहीं तस्लीम है
आने वाला दिन बहुत बेहतर है, मेरी राए है।

48

ये चाहती है हवा उसको आज़माऊँ न मैं
कोई चिराग़ कहीं भी, कभी जलाऊँ न मैं।

सुकूत-साया रहे इस ज़मीन पर हर दम
कोई सदा, कोई फ़रयाद लब पे लाऊँ न मैं।

यूँही भटकता रहूँ उम्र भर उदास-उदास
सुराग़ बिछड़े हुओं का कहीं भी पाऊँ न मैं।

सफ़र ये मेरा किसी तौर मुख़्तसर हो जाए
वो मोड़ आए कि जी चाहे आगे जाऊँ न मैं।

भुला तो दूँ तेरे कहने पे तुझको दिल से मैं
मगर ये शर्त है तुझको भी याद आऊँ न मैं।

49

वक़्फ़ए-जुदाई को उसके नाम करदो तुम
अपने दिल के अन्दर ही बार-बार झाँको तुम।

क्या ख़बर कि क्या तुमको जलवा उसका मिल जाए
ख़्वाब अच्छे होते हैं, ख़्वाब ख़ूब देखो तुम।

वह वहाँ था, फिर याँ था, अब कहाँ है बतलाओ
अक्स उसके साए का देखकर न फूलो तुम।

उसने अपने मिलने की, इक जगह नहीं तै की
आसमाँ से लौट आए, अब ज़मीं पे ढूँढो तुम।

चाँद और सितारों की साँस फूल जाती है
फिर भी ऐ जुनूँ वालो उसकी सम्त दौड़ो तुम।

50

जो पहले खूब हँसा ज़िन्दगी पे रोएगा अब
ये आदमी कि मोअम्मा मिसाल होएगा अब।

हज़ारों रातें जगा, ख़्वाब आने वाले थे
नहीं हैं ख़्वाब तो जीभर के ख़ूब सोएगा अब।

जुनूँ की फ़स्लों को सरसब्ज़ देखने की सज़ा
मिलेगी यूँ कि कहीं कुछ कोई न बोएगा अब।

किया है जो भी, किया रूह के इशारे पर
बदन के बोझ को तू बोल, कैसे ढोएगा अब।

51

नज़्रे-मीर

जिन्दा लोगों से कभी खुल के मुलाक़ात करो
कोई दिन अहले-जहां सैरे-ख़राबात करो।

कितनी तारीकी है, अहबाव हमें रुख़्सत दो
मशअले-दर्द जलानी है, हवा साथ करो।

जाने क्या टूट रहा है कहीं आवाज़ सुनो
इसके बारे में बताओ हमें कुछ बात करो।

हाँ करम .ख़ूब करो अहले-हवस पर जानाँ
जो तुम्हें चाहे हैं, उनकी भी मदारात करो।

52

कटेगा देखिए दिन जाने किस अज़ाब के साथ
कि आज धूप नहीं निकली आफ़ताब के साथ।

तो फिर बताओ समन्दर सदा को क्यों सुनते
हमारी प्यास का रिश्ता था जब सराब के साथ।

बड़ी अजीब महक साथ ले के आई है
नसीम, रात बसर की किसी गुलाब के साथ।

फ़िज़ा में दूर तलक मरहबा के नारे हैं
गुज़रने वाले हैं कुछ लोग याँ से ख़्वाब के साथ।

ज़मीन तेरी कशिश खींचती रही हमको
गये ज़रूर थे कुछ दूर माहताब के साथ।

53

सुनो ख़ुश-बख़्त लोगो! लम्हए-नायाब आया है
ज़मीं पर पैरहन पहने बिना महताब आया है।

बना सकता है तुममें कोई काग़ज़-नाव बतलाओ
सुना है शहर में, ऐ शहरियो सैलाब आया है।

54

जो मंज़र देखने वाली हैं आँखें रोने वाला है
कि फिर बंजर ज़मीं में बीज कोई बोने वाला है।

बहादुर लोग नादिम हो रहे हैं हैरती मैं हूँ
अजब दहशत-ख़बर है शहर खाली होने वाला है।

55

सबसे जुदा हूँ मैं भी, अलग तू भी सबसे है
इस सच का एतराफ़ ज़माने को कब से है।

फिर लोग क्यों हमारा कहा मानते नहीं
सूरज को ख़ौफ़ सायए-दीवारे-शब से है।

56

दोस्त अहबाब की नज़रों में बुरा हो गया मैं
वक़्त की बात है क्या होना था, क्या हो गया मैं।

दिल के दरवाज़े को वा[1] रखने की आदत थी मुझे
याद आता नहीं कब किससे जुदा हो गया मैं।

कैसे तू सुनता बड़ा शोर था सन्नाटों का
दूर से आती हुई ऐसी सदा हो गया मैं।

क्या सबब इसका था, खुद मुझको भी मालूम नहीं
रात खुश आ गई, और दिन से ख़फ़ा हो गया मैं।

भूले-बिसरे हुए लोगों में कशिश अब भी है
उनका ज़िक्र आया कि फिर नग़्मासरा हो गया मैं।

---

1. खुला

ऩज़्में

बदन के आस-पास

लबों पे रेत हाथों में गुलाब
और कानों में किसी नदी की काँपती सदा
ये सारी अजनबी फ़िज़ा
मेरे बदन के आस-पास आज कौन है।

नींद से आगे की मंज़िल

ख़्वाब कब टूटते हैं
आँखें किसी ख़ौफ़ की तारीकी से
क्यों चमक उठती हैं
दिल की धड़कन में तसलसुल बाक़ी नहीं रहता
ऐसी बातों को समझना नहीं आसान कोई
नींद से आगे की मंज़िल नहीं देखी तुमने।

ख़लीलुर्रहमान आज़मी की याद में

धूल में लिपटे चेहरे वाला
मेरा साया
किस मंज़िल, किस मोड़ पे बिछड़ा
ओस में भीगी यह पगडंडी
आगे जाकर मुड़ जाती है
कतबों की ख़ुशबू आती है
घर वापस जाने की ख़्वाहिश
दिल में पहले कब आती है
इस लम्हे की रंग-बिरंगी सब तस्वीरें
पहली बारिश में धुल जाएँ
मेरी आँखों में लम्बी रातें घुल जाएँ।

ख़्वाब को देखना कुछ बुरा तो नहीं

बर्फ़ की उजली पोशाक पहने हुए
इन पहाड़ों में वह ढूँढ़ना है मुझे
जिसका मैं मुन्तज़िर एक मुद्दत से हूँ
ऐसा लगता है, ऐसा हुआ तो नहीं
ख़्वाब को देखना कुछ बुरा तो नहीं।

सफ़र की इब्तिदा नए सिरे से हो

सफ़र की इब्तिदा नए सिरे से हो
कि आगे के तमाम मोड़ वह नहीं हैं
चींटियों ने हाथियों की सूँड में पनाह ली
थके-थके से लग रहे हो,
धुन्ध के ग़िलाफ़ में, उधर वह चाँद रेगे-आसमान से
तुम्हें सदाएँ दे रहा है, सुन रहे हो
तुम्हारी याददाश्त का कोई वरक़ नहीं बचा
तो क्या हुआ
गुज़िश्ता रोज़ो-शब से आज मुख़्तलिफ़ है
आने वाला कल के इन्तज़ार का
सजाओ ख़्वाब आँख में
जलाओ फिर से आफ़ताब आँख में
सफ़र की इब्तिदा नए सिरे से हो।

ज़मीन से दूर

इस ख़ला से ज़मीं का हर गोशा
जितना दिलकश दिखाई देता है
उसने ख़्वाबों में भी नहीं देखा
वह नहीं आएगा ज़मीन पे अब।

लम्बी चुप का नतीजा

मेरे दिल की ख़ौफ़-हिकायत में
यह बात कहीं पर दर्ज करो
मुझे अपनी सदा सुनने की सज़ा
लम्बी चुप की सूरत में
मेरे बोलने में जो लुकनत[1] है
इस लम्बी चुप का नतीजा है।

1. तुतलाहट

सवारे-बेसमंद[1]

ज़मीन जिससे छुट गई
बाब[2] ज़िन्दगी का जिस पे बन्द है
वो जानता है यह कि वह सवारे-बेसमंद है
मगर वो क्या करे,
कि उसको आसमां को जाने वाला रास्ता पसंद है।

1. बिना घोड़े का सवार, 2. दरवाज़ा

अज़ाब की लज़्ज़त

फिर रेत भरे दस्ताने पहने बच्चों का
इक लम्बा जुलूस निकलते देखने वाले हो
आँखों को काली लम्बी रात से धो डालो
तुम खुशक़िस्मत हो, ऐसे अज़ाब की लज़्ज़त
फिर तुम चक्खोगे।

पानी की दीवार का गिरना

बामे-खला से जाकर देखो
दूर उफ़क़ पर सूरज-साया
और वहीं पर आस-पास ही
पानी की दीवार का गिरना
बोलो तो कैसा लगता है?

सज़ा की ख़्वाहिश

मैंने तेरे जिस्म के होते
क्यों कुछ देखा
मुझको सज़ा इसकी दी जाए।

किस तरह निकलूँ

मैं नीले पानियों में घिर गया हूँ
किस तरह निकलूँ
किनारे पर खड़े लोगों के हाथों में
ये कैसे फूल हैं?
मुझे रुख़्सत हुए तो मुद्दतें गुज़रीं।

तसलसुल के साथ

वह, उधर सामने बबूल तले
एक परछाईं और इक साया
अपने जिस्मों को याद करते हैं
और सरगोशियों की ज़बों से
इक तसलसुल के साथ व़्ज्द में हैं।

सहरा की हदों में दाख़िल

सहरा की हदों में दाख़िल
जो लोग नहीं हो पाए
शहरों की बहुत-सी यादें
हमराह लिए आए थे।

जो इन्सान था पहले कभी

शहर सारा ख़ौफ़ में डूबा हुआ है सुबह से
रतजगों के वास्ते मशहूर इक दीवाना शख़्स
अनसुनी, अनदेखी ख़बरें लाना जिसका काम है
उसका कहना है कि कल की रात कोई दो बजे
तेज़ यख़बस्ता[1] हवा के शोर में
इक अजब दिलदोज़, सहमी-सी सदा थी हर तरफ़
यह किसी बुत की थी जो इन्सान था पहले कभी।

1. ठंडी

मेरे हाफ़िज़े मेरा साथ दे

किसी एक छत की मुँडेर पर
मुझे तक रहा है जो देर से
मेरे हाफ़िज़े मेरा साथ दे
ये जो धुन्ध-सी है ज़रा, हटा
कोई उसका मुझको सुराग़ दे
कि मैं उसको नाम से दूँ सदा।

रेंगने वाले लोग

चलते-चलते रेंगने वाले ये लोग
रेंगने में इनके वह दम-ख़म नहीं
ऐसा लगता है कि इनको ज़िल्लतें
मुस्तहक़ मेक़्दार से कुछ कम मिलीं।

मैं डरता हूँ

मैं डरता हूँ,
मैं डरता हूँ, उन लम्हों से
उन आने वाले लम्हों से
जो मेरे दिल और उसके इक-इक गोशे में
बड़ी आज़ादी से ढूँढ़ेंगे
उन ख़्वाबों को, उन राज़ों को
जिन्हें मैंने छिपाकर रक्खा है इस दुनिया से।

उस उदास शाम तक

लज़्ज़तों की जुस्तजू में इतनी दूर आ गया हूँ
चाहूँ भी तो लौट के जा नहीं सकूँगा मैं
उस उदास शाम तक
जो मेरे इन्तज़ार में
रात से नहीं मिली।

देर तक बारिश होती

शाम को इंजीर के पत्तों के पीछे
एक सरगोशी बरहना पाँव
इतनी तेज़ दौड़ी
मेरा दम घुटने लगा
रेत जैसे ज़ाएक़े वाली किसी मशरूब[1] की ख़्वाहिश हुई
वह वहाँ कुछ दूर इक आँधी चली
फिर देर तक बारिश हुई।

---

1. पेय

ज़िन्दा रहने की शर्त

हर एक शख़्स अपने हिस्से का अज़ाब ख़ुद सहे
कोई न उसका साथ दे
ज़मीं पे जिन्दा रहने की ये एक पहली शर्त है।

अजीब काम

रेत को निचोड़कर पानी को निकालना
बहुत अजीब काम है
बड़े ही इनहमाक[1] से ये काम कर रहा हूँ मैं।

---

1. तन्मयता

मंज़र कितना अच्छा होगा

मैं सुबह सवेरे जाग उठा
तू नींद की बारिश में भीगा, तन्हा होगा
रस्ता मेरा तकता होगा
मंज़र कितना अच्छा होगा।

जीने की हवस

सफ़र तेरी जानिब था
अपनी तरफ़ लौट आया
हर इक मोड़ पर मौत से साबक़ा था
मैं जीने से लेकिन कहाँ बाज़ आया।

एक सच

शोर समाअत के दर पै है, जानते हो
मौत के क़दमों की आहट पहचानते हो
होनी को कोई भी टाल नहीं सकता
यह इक ऐसा सच है, तुम भी मानते हो।

बदन पाताल

हवस्-आकाश के नीचे भी उतरूँ
बदन-पाताल में ता-देर ठहरूँ
मैं अपने आप को जी भर के देखूँ।

तुझे कुछ याद आता है

मैं तेरे जिस्म तक किन रास्तों से
होके पहुँचा था
ज़मीं, आवाज़ और गंदुम के ख़ोशों की महक
मैं साथ लाया था
तुझे कुछ याद आता है।

सुब्ह से उदास हूँ

हवा के दरमियान आज रात का पड़ाव है
मैं अपने ख़्वाब के चिराग़ को
जला न पाऊँगा ये सोच के
बहुत ही बदहवास हूँ
मैं सुब्ह से उदास हूँ।

ऐ तन्हाई!

कुछ लोग तो हों जो सच बोलें
यह ख़्वाहिश दिल में फिर आई
है तेरा करम, ऐ तन्हाई!

फ़िरक़ापरस्ती

नीम पागल लोग
इस तादाद में
कुछ असर आए मेरी फ़रयाद में।

सज़ा पाओगे

बेची है सहर के हाथों
रातों की सियाही तुमने
की है जो तबाही तुमने
किस रोज़ सज़ा पाओगे।

लम्बे बोसों का मरकज़

वह सुब्ह का सूरज जो तेरी पेशानी था
मेरे होठों के लम्बे बोसों का मरकज़ था
क्यों आँख खुली, क्यों मुझको यह एहसास हुआ
तू अपनी रात को साथ यहाँ भी लाया है।

जागने का लुत्फ़

तेरे होठों पे मेरे होठ
हाथों के तराज़ू में
बदन को तोलना
और गुंबदों में दूर तक बारूद की ख़ुशबू
बहुत दिन बाद मुझको जागने में लुत्फ़ आया है।

सच बोलने की ख़्वाहिश

ऐसा इक बार किया जाए
सच बोलने वाले लोगों में
मेरा भी शुमार किया जाए।

सहर का ख़ौफ़

शाम का ढलना नई बात नहीं
इसलिए ख़ौफ़ज़दा हूँ इतना
आने वाली जो सहर है उसमें
रात शामिल नहीं
यह जानता हूँ।

जीने की लत

मुझसे मिलने आने वाला कोई नहीं है
फिर क्यों घर के दरवाज़े पर तख़्ती अब है
जीने की लत पड़ जाए
तो छूटती कब है।

अजल की नग़्मगी

छिपाई उसने न मुझसे कभी कोई भी बात
मैं राज़दार था उसका, वो ग़मग़ुसार मेरा
कई जनम का बहुत पायदार रिश्ता था
मेरे सिवा भी हज़ारों से उसकी क़ुरबत थी
शिनाख़्त उसकी अगर थी तो बस मुहब्बत थी
सफ़र में ज़ीस्त के वह तेज़गाम था इतना
रुका न वाँ भी जहाँ पर क़याम करना था
ख़बर ये मुझको मिली कितनी देर से कि उसे
अजल की नग़्मगी मसहूर करती रहती थी
दिले-कुशादा में उसने अजल को रक्खा था
अज़ाबे-हिज्र मुक़द्दर में मेरे लिक्खा था
सो बाक़ी उम्र मुझे यह अज़ाब सहना है
फ़लक को देखना हरदम, ज़मीं पे रहना है
ख़बर ये मुझको मिली कितनी देर से कि उसे
अजल की नग़्मगी मसहूर करती रहती थी।

असद बदायूँनी की मौत पर

ख़्वाहिशे-मर्ग की सरशारी में
यह भी नहीं सोचा
जीना भी इक कारे-जुनूं है इस दुनिया के बीच
और लम्बे अनजान सफ़र पर चले गए तन्हा
पीछे क्या कुछ छूट गया है
मुड़के नहीं देखा।